KAHLIL GIBRAN

Schlüssel zum Glück

Von Liebe, Ehe und Schönheit

Mit Fotografien von
Josef Bieker und Ulrike Romeis

HERDER

FREIBURG · BASEL · WIEN

Von der Liebe

Da sagte die Seherin Almitra zum Propheten: Sprich zu uns von der Liebe. Und er erhob sein Haupt, sah die Menschen an und eine Stille fiel auf sie. Und mit starker Stimme sagte er: Wenn dich die Liebe ruft, so folge ihr, auch wenn ihre Wege schwer und steil sind. Und wenn ihre Flügel dich umfassen, gib ihr nach, auch wenn das Schwert in ihrem Gefieder versteckt dich verwunden kann. Und wenn sie zu dir spricht, glaube ihr, auch wenn ihre Stimme deine Träume zerstört, wie der Nordwind den Garten verwüstet.

So wie die Liebe dich krönt, so kann sie dich auch kreuzigen. So wie sie dein Wachstum begünstigt, so ist sie auch für dein Beschneiden. So wie die Liebe emporsteigt in deine Höhe und deine zartesten Äste liebkost, die in der Sonne zittern, so wird sie hinabsteigen in deine Wurzeln und sie erschüttern, während sie die Erde festhalten. [...]

Das alles tut dir die Liebe, damit du die Geheimnisse deines Herzens kennen lernst und in diesem Wissen zu einem Teil des Herzens des Lebens wirst. [...]
Die Liebe gibt nichts als sich selbst, und nimmt nichts außer von sich selbst. Die Liebe besitzt nicht und lässt sich nicht besitzen, weil die Liebe der Liebe genügt. [...]

Die Liebe hat keinen anderen Wunsch, als sich selbst zu erfüllen. Aber wenn du liebst und Wünsche hast, dann lass dies deine Wünsche sein: zu schmelzen und wie ein fließender Bach zu sein, der seine Melodie an die Nacht singt; den Schmerz von zu viel Zartheit zu kennen; verwundet zu werden von deinem eigenen Verständnis der Liebe; freiwillig und freudig zu bluten.

Im Morgengrauen mit beschwingtem Herzen aufzuwachen und dankbar zu sein für einen neuen Tag des Liebens; Mittags auszuruhen und über die Verzückung der Liebe nachzusinnen; am Abend mit Dankbarkeit nach Hause zu kommen; und dann zu schlafen, mit einem Gebet für den geliebten Menschen in deinem Herzen und mit einem Loblied auf deinen Lippen.

Von der Ehe

Da sprach Almitra wieder und sagte: Wie ist es mit der Ehe, Meister? Und er antwortete: Ihr seid vereint geboren und sollt auf ewig vereint sein. Ihr sollt auch noch zusammen sein, wenn die weißen Flügel des Todes eure Tage verstreuen. Sogar in der stillen Erinnerung Gottes sollt ihr vereint bleiben. Aber lasst Raum in eurem Miteinander und lasst die Winde des Himmels zwischen euch tanzen.

Liebt einander, aber macht die Liebe nicht zu einer Fessel: Lasst die Liebe die wogende See zwischen den Ufern eurer Seelen sein. Füllt einander den Becher, aber trinkt nicht aus einem Becher. Gebt einander von eurem Brot, aber esst nicht vom selben Brot. Singt und tanzt zusammen und seid froh, und doch soll jeder von euch bei sich allein bleiben, so wie die Saiten einer Laute einzeln gespannt sind, auch wenn sie mit derselben Musik erzittern.

Gebt einander eure Herzen, aber gebt sie einander nicht zur Verwahrung, weil nur die Hand des Lebens eure Herzen aufnehmen kann. Und steht beieinander, aber steht einander nicht zu nah: Die Säulen des Tempels stehen getrennt und die Eiche und die Zypresse wachsen nicht im gegenseitigen Schatten.

Von der Freundschaft

Ein junger Mann sagte: Sprich zu uns von der Freundschaft. Und er antwortete: Dein Freund ist die Antwort auf deine Not. Er ist das Feld, das du mit Liebe besäst und mit Danksagung erntest. Und er ist dein Tisch und dein Kamin. Du kommst zu ihm mit Hunger, und du suchst ihn für deinen Frieden.

Wenn dein Freund seine Meinung frei äußert, fürchtest du weder das „Nein“ deines Sinnes, noch hältst du dein „Ja“ zurück. Auch wenn er schweigt, hörst du nicht auf, auf sein Herz zu achten.

ALLE GEDANKEN, WÜNSCHE UND ERWARTUNGEN werden ohne Worte in Freundschaften geboren und miteinander ausgetauscht mit einer Freude, die nicht gefeiert wird. Wenn du deinen Freund verlässt, trauerst du nicht, weil das, was du in ihm liebst, durch seine Abwesenheit deutlicher in Erscheinung treten mag, so wie der Berg für den Bergsteiger klarer sichtbar ist von der flachen Ebene.

Gib dein Bestes für deinen Freund.

Wenn er deine Ebbe kennen lernt, lass ihn auch deine Flut erleben. Was ist dein Freund für dich, wenn du ihn nur aufsuchst, um die Zeit totzuschlagen? Suche ihn auf, um Stunden des Lebendigseins mit ihm zu erleben. Er kann deine Not, aber nicht deine Leere beantworten. Und in der Süße der Freundschaft soll Lachen und Teilen der Freude sein. Im Tau der kleinen Dinge findet das Herz seinen Morgen und ist erfrischt.

Von der Schönheit

Und ein Dichter sagte: Sprich zu uns von der Schönheit. Und er antwortete: Wo wollt ihr nach Schönheit suchen und wie werdet ihr sie finden, wenn sie nicht selbst euer Weg und eure Begleiterin ist? Und wie wollt ihr von ihr sprechen, so sie selbst nicht eure Sprache webt?

Die Gekränkten und Verletzten sagen:
„Die Schönheit ist freundlich und sanft.
Sie bewegt sich unter uns wie eine Mutter,
die ein wenig schüchtern ist wegen ihrer
eigenen Herrlichkeit.“
Und die Leidenschaftlichen sagen: „Nein,
Schönheit ist eine Sache von Macht und
Angst. Wie ein Sturm schüttelt sie die Erde
unter uns und den Himmel über uns.“

DIE MÜDEN UND ABGESPANNTEN sagen: „Die Schönheit ist ein sanftes Flüstern. Sie spricht durch unseren Geist. Ihre Stimme gibt unserer Stille nach wie ein mattes Licht, das aus Angst vor dem Schatten zittert."
Aber die Ruhelosen sagen: „Wir haben sie in den Bergen rufen hören und mit ihren Rufen kamen die Geräusche von Hufen, das Schlagen von Flügeln und das Brüllen von Löwen."

Nachts sagen die Wächter der Stadt:
„Die Schönheit wird mit der Morgenröte aus dem Osten aufgehen.“ Und um die Mittagszeit sagen die Arbeiter und Wanderer:
„Wir haben sie gesehen, wie sie sich aus den Fenstern des Sonnenuntergangs über die Welt lehnte.“

IM WINTER SAGEN DIE EINGESCHNEITEN:
„Sie wird über die Hügel hüpfend mit dem Frühling kommen.“ Und in der Sommerhitze werden die Erntearbeiter sagen: „Wir haben sie mit den Herbstblättern tanzen sehen und sie trug eine Schneewehe im Haar.“

All das habt ihr über die Schönheit gesagt, aber eigentlich habt ihr nicht von ihr gesprochen, sondern von euren eigenen ungestillten Nöten – und die Schönheit ist keine Not, sondern eine Verzückung. Sie ist kein dürstender Mund und keine ausgestreckte Hand, sondern ein entflammtes Herz und eine verzauberte Seele.

Sie ist nicht das Bild, das ihr seht, noch das Lied, das ihr hört, sondern sie ist das Bild, das ihr seht, wenn ihr eure Augen schließt, und sie ist das Lied, das ihr hört, wenn ihr eure Ohren zumacht. Sie ist weder der Saft in der gefurchten Borke, noch der Flügel an die Kralle geheftet, sondern ein Garten, der immer blüht, und eine Schar Engel, die ewig fliegen.

Die Schönheit ist das Leben selbst, das sein heiliges Gesicht entschleiert. Ihr seid das Leben und der Schleier. Die Schönheit ist die Ewigkeit, die sich selbst im Spiegel anschaut. Aber ihr seid Ewigkeit und Spiegel.

Die Texte sind dem im Verlag Herder erschienenen Buch entnommen: Kahlil Gibran, Der Prophet.
Neu übertragen von Ulrich Schaffer. Freiburg i. Br. 2002.

Dieses bekannteste Werk Gibrans wurde 1923 veröffentlicht und hat seitdem viele Millionen Leser gefunden. Der Autor hat 25 Jahre daran gearbeitet. Auch heute ist sein Buch noch sehr beliebt und wird weiterhin in vielen Sprachen verlegt. Basierend auf seinen persönlichen Erfahrungen versucht Gibran, orientalische Weisheit und europäische Weltsicht mit zeitlosem Lebenswissen in Einklang zu bringen.

www.herder.de

Umschlag- und Innengestaltung: Nina Chen
Herstellung: L.E.G.O. Olivotto S.p.A., Vicenza
Gedruckt auf umweltfreundlichem,
chlorfrei gebleichtem Papier
Printed in Italy

ISBN 978-3-451-30149-0